BEI GRIN MACHT SI(
WISSEN BEZAHLT

- Wir veröffentlichen Ihre Hausarbeit,
  Bachelor- und Masterarbeit

- Ihr eigenes eBook und Buch -
  weltweit in allen wichtigen Shops

- Verdienen Sie an jedem Verkauf

Jetzt bei www.GRIN.com hochladen
und kostenlos publizieren

Bibliografische Information der Deutschen Nationalbibliothek:

Die Deutsche Bibliothek verzeichnet diese Publikation in der Deutschen National-
bibliografie; detaillierte bibliografische Daten sind im Internet über http://dnb.d-
nb.de/ abrufbar.

Impressum:

Copyright © 2019 GRIN Verlag
Druck und Bindung: Books on Demand GmbH, Norderstedt Germany
ISBN: 9783346216908

Dieses Buch bei GRIN:

https://www.grin.com/document/540438

Vincent Weyer

Der Dschihad. Zentraler Unterschiede zwischen der Auffassung von Sayyid Qutb und Abdullah Azzam

GRIN Verlag

GRIN - Your knowledge has value

Der GRIN Verlag publiziert seit 1998 wissenschaftliche Arbeiten von Studenten, Hochschullehrern und anderen Akademikern als eBook und gedrucktes Buch. Die Verlagswebsite www.grin.com ist die ideale Plattform zur Veröffentlichung von Hausarbeiten, Abschlussarbeiten, wissenschaftlichen Aufsätzen, Dissertationen und Fachbüchern.

Besuchen Sie uns im Internet:

http://www.grin.com/

http://www.facebook.com/grincom

http://www.twitter.com/grin_com

Inhaltsverzeichnis

Der Dschihad – Untersuchung zentraler Unterschiede zwischen der Auffassung von Sayyid Qutb und Abdullah Azzam

Einleitung

Der Dschihad als wesentliches Konzept des Islams ist in seiner Bedeutung und auch Ausprägung sehr facettenreich. Durch die Entstehung islamistischer Gruppierungen, die im Rahmen eines von ihnen selbst als solchen bezeichneten Dschihad grausame Bluttaten verübten und verüben, erfuhr dieser Begriff innerhalb der letzten Jahrzehnte vor allem in nicht-muslimischen Kulturkreisen eine eher negative Konnotation. Allein die Tatsache, dass man in manchen Wörterbüchern die Bedeutung des Dschihad nur unter dem Schlagwort „Heiliger Krieg" findet, verdeutlicht das. Diese Konnotation wird dem eigentlichen Umfang des Begriffes jedoch nicht gänzlich gerecht. Dschihad leitet sich vom arabischen Verb jâhada ab und impliziert in seinem Vorgang einen Eifer bzw. eine Anstrengung oder Mühe (Vgl. Reichmuth 2010, S.188). Die Verwendung dieses Begriffs in einem friedlichen Kontext tätigt unter anderem die muslimische Autorin Katajun Amirpur, die mithilfe ihres Buchs „Den Islam neu denken" (2013) den Dschihad – hier übersetzbar mit Streben – für einen liberaleren Islam führen will. Die für diese wissenschaftliche Arbeit in Betracht gezogenen Autoren stehen allerdings für alles andere als einen reformierten Islam. So bezeichnet Dr. Barbara Zehnpfennig Sayyid Qutb, geboren und aufgewachsen 1906 in einem Provinzdorf Ägyptens (Vgl. Shepard 1996, xiv), als einen „Vordenker für den islamistischen Terror" sowie „Wegbereiter des modernen Jihadismus" (Zehnpfennig 2013, S.327). Nachdem seine Position anfangs als „Muslim secularist and Arab nationalist" (Shepard 1996, xv) beschrieben werden kann, ging mit steigendem Interesse für soziale Gleichheit auch eine Zunahme von islamistischem Gedankengut einher (Vgl. ebd., xvi). Als einer der späteren Chefideologen der Muslimbrüder (Vgl. ebd., xvi) verbrachte er ab 1954 den Hauptteil seines restlichen Lebens im Gefängnis, wo er sich zunehmend radikalisierte (Vgl. ebd., xvii). Qutbs Hinrichtung im Jahr 1966 nach und aufgrund der Veröffentlichung seines Werkes *milestones* 1964 machte ihn für viele Anhänger zum Märtyrer (Vgl. Zehnpfennig 2013, S.330). Auch Azzam gilt als ideologischer Vordenker des Islamismus, so dient seine Theorie als Grundlage für das heute noch operierende Terrornetzwerk „Al-Qaida" (Vgl. Schnelle 2012:54, S.626). Zudem fungierte er im afghanischen Widerstand gegen die sowjetische Besatzung in den 1980er Jahren als Vermittler zwischen den sogenannten freiheitskämpfenden Mudschaheddin und arabischen Freiwilligen (Vgl. ebd., S.628). Während die Rekrutierung freiwilliger Dschihadisten anfangs noch von mäßigem Erfolg gekennzeichnet war, so änderte sich dies spätestens mit der Veröffentlichung seiner ersten Publikation mit dem Titel *Defence of the Muslim Lands* im Jahr 1984 (Vgl. ebd., S.628).

Im weiteren Verlauf dieser Arbeit soll nun folgende Fragestellung untersucht werden: welche zentralen Unterschiede sind im jeweiligen Verständnis des Dschihad zwischen Sayyid Qutb und Abdullah Azzam zu erkennen? Die Betrachtung beider Theorien erfolgt hierbei zunächst sehr ausgiebig und getrennt, um anschließend ein solides Fundament für die Untersuchung vierer bedeutsamer Unterschiede gewährleisten zu können.

Hauptteil

1 Sayyid Qutb – die Befreiung des Menschen

Bei Sayyid Qutb ist der Dschihad eine logische Konsequenz seines Denkens. Die Vorstellung einer aus seiner Sicht besseren Welt mit islamischem System setzt eine Art Bewegung voraus. Der Dschihad ist diese Bewegung zur Umsetzung des islamischen Systems. Dementsprechend muss man, um diese Folgerung aus seiner Theorie begreifen zu können, zunächst die Theorie selbst betrachten.

1.1 Rechtfertigung des Dschihad – Die Allgegenwärtigkeit der Jahilyya

Für Qutb ist die Menschheit dem Untergang geweiht. Menschgemachte Systeme wie der Sozialismus oder die Demokratie haben versucht, mit etwa materiellem Wohlstand eine Leere zu überbrücken. Eine Leere, die entstand, weil diese Systeme nicht in der Lage waren, dem Menschen entscheidende Qualitäten zu vermitteln: die der Werte und Moral (Vgl. Zehnpfennig 2013, S.331). Das Scheitern dieser Systeme gipfelt in dem Umstand, dass Menschen unfrei sind. Denn hält man sich an Gesetze, Werte und Sitten, die von anderen Menschen geschaffen wurden, so gibt man gleichsam seine Souveränität zugunsten dieser Menschen auf (Vgl. Qutb 1964, S.18), Menschen sind gewissermaßen Herrscher über andere Menschen, jedoch ist Qutb zufolge der einzig zulässige Souverän Gott (Vgl. ebd., S.19). Nur durch die Abgabe seiner Souveränität an ihn gelangt der Mensch an vollständige Freiheit. Denn lässt man Gottes Wort als Gesetz zu und richtet sich vollständig danach, dann geht damit auch der vollständige Verlust der Eigenverantwortung einher (ebd., S.26 u.a.). Freiheit besteht also offenbar für Qutb aus dem Nichtvorhandensein dieser Eigenverantwortung und der Abwesenheit der Herrschaft von Menschen über Menschen und damit letztlich auch in der Unterwerfung vor Gott, wie Zehnpfennig treffend formuliert (Vgl. Zehnpfennig 2013, S.338).

Dieser Zustand ist jedoch nicht etwa nur ein Produkt des westlichen Hedonismus, auch in der selbsternannten „muslimischen" Gemeinschaft hat sich die „Jahilyya", wie er sie nennt, den wahren Islam ersetzt. Qutb wirft ihr vor, nicht wahrlich muslimisch zu sein: so darf sich eine Gemeinschaft nur dann als muslimisch bezeichnen, ihren Lebensinhalt direkt und unmittelbar aus dem Koran ableitet (Vgl. Qutb 1964, S.2). Ihm zufolge ist die sogenannte „Qur'anische Generation" (ebd., S.22), also die erste muslimische Gemeinschaft rund um den Propheten Mohammed, die letzte, die als wahrhaft muslimisch bezeichnet werden kann (Vgl. ebd.). Jedoch ist man im Laufe der Zeit vom Koran abgekommen und hat die Vollkommenheit des Korans durch die Vermischung mit anderen Quellen betrogen (Vgl. ebd., S.25). Nun gilt es, zur reinen Quelle zurückzukehren, um diesen Lebensweg in seiner vollkommenen Form zu etablieren und die Menschheit aus der Jahilyya zu befreien.

Denn dieser neue Lebensweg verspricht nun, alles lebensdurchdringende in einem zu sein: ein System von Gesetzen und Regeln sowohl von staatlich-ordnendem als auch von moralischem Charakter (Vgl. ebd., S.41), das zudem wesentlich effizienter ist als weltliche Systeme: während das Befolgen von Gesetzen in Nationalstaaten eher angetrieben wird von der Angst vor rechtlichen Sanktionen, befolgt man Gottes Gesetz aus persönlichen Beweggründen. Denn wurde einmal der Glauben verinnerlicht, trägt man das Gesetz im Herzen und handelt durch das Befolgen dieser Gesetze nach dem eigenen Gewissen (Vgl. ebd., S.41).

Hier wird auch deutlich, warum die Verbreitung des Islam „nicht durch alleiniges Predigen erreicht werden" (ebd., S.76) kann: die wahre Schönheit dieses Lebenswegs kann nur dann verstanden werden, wenn er vollständig verinnerlicht wurde. Die Reduzierung des Islams auf eine Theorie würde der Sache nicht gerecht werden, also muss man ihn anhand eines praktischen Beispiels aufzeigen (Vgl. ebd., S.20). Und da die Jahilyya selbst nicht nur eine Theorie ist, sondern eine in Staaten mit Verteidigungssystemen manifestierte Bewegung, muss ihre physische Schlagkraft genauso physisch erwidert werden (Vgl. ebd., S.61).

Zusammenfassend lässt sich also sagen, dass dem Scheitern anderer Systeme laut Qutb ein Fehlen eines aufrichtigen Werte- und Moralverständnisses zugrunde liegt. Auffälligstes Symptom hierbei stellt die Herrschaft des Menschen über den Menschen dar. Qutbs Lösung ist nun die Wiedererlangung der Freiheit durch die Errichtung eines islamischen Systems, das allerdings aufgrund der Wehrhaftigkeit der Jahilyya nicht durch verbale Argumentationslogik, sondern direkte Konfrontation durchgesetzt werden muss (Vgl. ebd., S.49). Es bedarf einer kompromisslosen Durchsetzung, um den Menschen die Schönheit des neuen Systems anhand eines praktischen Beispiels verdeutlichen zu können. Und diese kompromisslose Durchsetzung erfolgt durch den Dschihad.

1.2 Der Dschihad zur Durchsetzung der Freiheit

Der Dschihad ist also das Mittel, um das neue, vollkommene islamische System zu errichten, und soll zunächst von innen betrachtet werden. Dabei wurden folgende Aspekte für zentral befunden:

1. Die Vorgehensweise – wie und in welchen Schritten wird und wurde der Dschihad geführt?
2. Das Feindbild im Dschihad – wer gilt im Rahmen des Dschihad als Feind?
3. Das Ziel des Dschihad – wann hat der Dschihad sein Ende erreicht?
4. Die Natur des Dschihad – in welcher Art und Weise ist er zu verstehen?

1.2.1 Die Vorgehensweise: Von der Defensive in die Offensive

Bei Qutb wird der Dschihad in vier Stufen unterteilt. Diese orientieren sich an einer Art Prophezeiung, die bereits vor langer Zeit anfing und bis heute ihr Ende nicht gefunden hat. Im Rahmen einer Rechtfertigung der Natur des Dschihad - auf die später noch eingegangen wird - verweist Qutb auf vier verschiedene Stellen im Koran. Demnach ist die erste Phase, die in Mekka stattfand, noch von Zurückhaltung geprägt:

,Haltet eure Hände zurück, verrichtet das Gebet und entrichtet die Zaka.'
(Qutb 1964, S.82)

5

Als nächstes zeigt er eine Stelle auf, in der der Kampf erstmals erlaubt wird:

‚Die Erlaubnis (sich zu verteidigen) ist denen gegeben, die bekämpft werden, weil ihnen Unrecht geschah – [...] – jenen, die schuldlos aus ihren Häusern vertrieben wurden, nur weil sie sagten: „Unser Herr ist Allah" Und wenn Allah nicht die einen Menschen durch die anderen zurückgehalten hätte, so wären gewiss Klausen, Kirchen, Synagogen und Moscheen, in denen der Name Allahs desöfteren [sic!] genannt wird, niedergerissen worden.‘ (ebd., S.83)

Offensichtlich wurden diese beiden Stufen von der „Qur'anischen Generation' bereits durchgeführt. Dies lässt sich daran erkennen, dass er „die anfänglichen und mittleren Stufen" für beendet erklärt und die folgenden Stufen eher in einem endlosen Kampf zu münden scheinen. Als Nächstes verweist Qutb auf eine Stelle im Koran, wo nun offensiver gegen den Feind vorgegangen werden soll:

‚Und kämpft auf dem Weg Allahs gegen diejenigen, die gegen euch kämpfen, doch übertretet nicht. Wahrlich, Allah liebt nicht diejenigen, die übertreten.‘ (ebd., S.83)

Während zuvor der Kampf nur der reinen Notwehr diente, dürfen die Feinde hier nun scheinbar auch offensiv bekämpft werden. Zudem beruft sich Qutb auf einen Vers im Koran, wo der Krieg gegen all die ausgerufen wird, die nicht an den wahren Gott glauben, sondern Götzen verehren:

‚Und bekämpft die Götzendiener allesamt, wie sie euch allesamt bekämpfen [...]‘ (ebd., S.83)

Götzendiener oder auch „Mushrikun" (ebd., S.83), wie Qutb sie bezeichnet, scheinen hier eine besondere Stellung einzunehmen. Allerdings bezieht Qutb die vierte Phase noch auf einen weiteren Vers im Koran:

‚Kämpft gegen diejenigen, die nicht an Allah und an den jüngsten Tag glauben, und die das nicht für verboten erklären, was Allah und Sein Gesandter für verboten erklärt haben, und die nicht dem wahren Glauben folgen – von denen, die die Schrift erhalten haben, bis sie eigenhändig den Tribut in voller Unterwerfung entrichten.‘ (ebd., S.84)

Explizit werden hier nun auch die Schriftbesitzer, also Christen und Juden, erwähnt. Es hat jetzt den Anschein, als ob hier der Verteidigungsgedanke – das Kämpfen als

Reaktion auf das bekämpft werden - vollständig abgelegt wird und allein das fehlende Bekenntnis zum Islam als Angriffsgrund reicht. Auch wird mit dem ‚Tribut in voller Unterwerfung' bereits ein Herrschaftsanspruch über die Schriftbesitzer geäußert, der weit über die Selbstverteidigung hinausgeht.

Es lässt sich also sagen, dass der Dschihad in seiner Chronologie von der Selbstverteidigung zur Offensive übergeht und schließlich in einem völligen Unterwerfungsanspruch gipfelt. Und da die ersten zwei Stufen bereits abgeschlossen wurden, wird mit der dritten und vierten Phase nun die Offensive eingeleitet. Hierbei stellt sich nun die Frage, wem diese Offensive gilt oder wer im Rahmen dieser vielleicht verschont werden soll.

1.2.2 Die Freund-Feind-Konstellation

Qutb verwendet bei der Einteilung seines Freund-Feind-Schemas eine Textpassage aus dem Buch „Zad Al-Ma'ad" des islamischen Gelehrten Ibn al-Quayyim, in der dieser den Umgang der Qur'anischen Generation mit Nichtmuslimen beschreibt. Demnach stehen sich von Grund auf zwei Gruppen von Menschen gegenüber: die Gläubigen und die Ungläubigen. Ungläubige sind allerdings nicht per se Feinde, so wird hier zunächst differenziert zwischen Ungläubigen, mit denen Frieden besteht; Ungläubigen, mit denen Krieg besteht und Dhimmis, also nichtmuslimische Schutzbefohlene (Vgl. ebd., S.69).

Zudem begünstigte nach Offenbarung der neunten Sure die Konvertierung der Ungläubigen mit Friedensvertrag - aber ohne Schutzbefohlenenstatus - zum Islam die Einteilung der Welt in drei Gruppen von Menschen: Muslime; Dhimmi und Gegner (Vgl. ebd., S.70-71). Dhimmis sind Andersgläubige, die in einem islamischen System leben und dort beispielsweise Kopfsteuern entrichten. Diese Einordnung impliziert, dass alle Menschen, die in einem nicht-islamischen System leben und nicht dem Islam folgen, als Feinde anzusehen sind. Daraus lässt sich schließen, dass Qutb jeden Ort der Welt, in dem kein islamisches System vorherrscht, als Kriegsschauplatz ansieht. Diese Universalität des Kampfes wird zudem begünstigt durch die Tatsache, dass die Jahilyya den heutigen Islam miteinschließt, da dieser, wie bereits beschrieben, sich vom „wahren" Islam entfernt hat. Zehnpfennig schreibt hierzu:

„Alles, die nicht-muslimische wie die muslimische Welt, ist Jahiliyya, alle leben in Unwissenheit. Das heißt auch, dass letztlich alle Gegner sind, denn der Schein-Islam ist nicht besser als der Nicht-Islam. Der Kämpfer für den wahren Islam gehört zu einer kleinen Elite der Wissenden, die die Vorhut für den Endkampf bilden soll." (Zehnpfennig 2013, S.334)

Der Autor selbst bestätigt diesen Universalitätsgedanken in der Folge sogar explizit:

„Diese Religion ist nicht lediglich die Deklaration der Freiheit der Araber, noch ist ihre Botschaft auf die Araber beschränkt. Sie richtet sich an die ganze Menschheit und ihr Arbeitsgebiet ist die ganze Welt" (Qutb 1964, S.77)

Qutb verlangt also, dass der Dschihad auf der ganzen Welt geführt wird. Doch wenn man sich die Zielsetzung von Qutbs Dschihad betrachtet, erscheint dies auch als durchaus logisch.

1.2.3 Die Zielsetzung des Dschihad: Befreiung der Menschen durch die Abgabe ihrer Souveränität

Mit der Allgemeingültigkeit des Glaubensbekenntnisses (Vgl. Qutb 1964, S.61), der Verkündung Gottes Gesetz auf der ganzen Erde (Vgl. ebd., S.75), der endgültigen Widmung der Religion an Allah (Vgl. ebd., S.85) und Weiteren attestiert Qutb dem Dschihad eine ganze Bandbreite an Zielvorgaben. Mit Sicherheit ist die Herrschaft Gottes über die Welt allein aus Legitimitätsgründen ein Hauptgrund für den Dschihad, denn der Koran und damit Gott ist Antrieb für jede Handlung. Jedoch findet sich noch eine weitere grundlegende Zielsetzung, die sich interessanterweise weitaus philanthropischer liest als vielleicht vermutet:

„[...] der Islam [ist] eine Erklärung der Freiheit der Menschen von der Dienerschaft zu anderen Menschen. Daher strebt er vom Anbeginn, all diese Systeme und Regierungen abzuschaffen, die auf der Herrschaft des Menschen über den Menschen und die Dienerschaft eines Menschen zu einem anderen basieren. Wenn der Islam die Menschen von diesem politischen Druck befreit, und ihnen seine segensreiche Botschaft vorstellt, ihren Verstand anspricht, gibt es ihnen vollständige Freiheit, seinen Glauben zu akzeptieren oder nicht zu akzeptieren." (Qutb 1964, S.79)

8

Die Beendigung der Herrschaft von Menschen über Menschen und damit die Abschaffung nicht-islamischer Systeme, die Allgemeingültigkeit Gottes Gesetz (Vgl. Qutb 1964, S.47) sowie andere Zielsetzungen sind also notwendige Voraussetzung für die Freiheit des Menschen. Die Freiheit zu entscheiden, ob man den Islam annimmt oder nicht. Die Freiheit, den Islam abzulehnen, existiert durchaus in Qutbs Vorstellung – zumindest in einem streng limitierten Rahmen. Diese Freiheit scheint allerdings in Herrschaftssystemen, die auf der Souveränität des Menschen fußen, nicht gegeben zu sein. Denn wie zuvor bereits beschrieben kann die Schönheit des Islams erst dann erkannt werden, wenn er durch ein praktisches Beispiel vorgelebt wird. Wenn der Islam nicht in seiner Vollkommenheit durch ebenjenes islamische System demonstriert wird, gibt es nach Qutbs Logik kein Argument für eine Entscheidung des Einzelnen zugunsten dieses Lebenswegs und damit auch keine Freiheit in der Entscheidung.

Vereinfacht gesagt ist der Auftrag des Dschihad nun die Abschaffung der Ungerechtigkeit auf der Erde, die aus der Herrschaft des Menschen über den Menschen besteht. Ersetzt soll diese Ungerechtigkeit durch die Herrschaft Allahs, die eine freie Umwelt, in der die Wahl des Glaubens frei ist, möglich macht. Hierzu müssen Systeme, die auf dieser schlechten Form der Herrschaft fußen, zerstört werden. Und der militante Dschihad ist das hierfür notwendige Mittel.

1.2.4 Die Natur des Dschihad

Die Prämissen des weitgefassten Feindbilds und einer Zielsetzung, die die ganze Welt als Kriegsgebiet begreift, lassen den Dschihad als durchaus offensiv erscheinen. Qutb sieht sich mit dem Vorwurf konfrontiert, dass der Dschihad im Koran als defensiv zu interpretieren sei; dass „die Kämpfe im islamischen Jihad alle für die Verteidigung des Heimatlandes des Islam" (Qutb 1964, S.81) geführt wurden und er deshalb allein historisch bedingt als defensiver Krieg zu deuten sei. Dies bestreitet er vehement, so wirft er den diese Interpretation verbreitenden Gelehrten vor, „sich in einer Verlierer-Psychologie verfangen" (ebd., S.81) zu haben. Der Versuch, den Dschihad als solchen darzustellen, sei demnach eine Kapitulation (Vgl. ebd., S.84) oder eine Art Abwehrreflex (Vgl. ebd., S.81) infolge von Anschuldigungen von Gegnern des Islam, die er als „listvolle Orientalisten" (ebd., S.84) bezeichnet. Diese Anschuldigungen stellen den Dschihad offenbar als aggressiven und womöglich gewalttätigen Krieg dar. Doch Qutb zufolge ist genau das die Natur des Dschihad. In seiner Argumentation beruft er sich dabei auf die dritte und vierte Stufe des Dschihad, in denen er naturgemäß offensiv geführt wird (Vgl. ebd., S.83), wie vorher bereits dargelegt. Die fehlende offensive Auslegung des Dschihad in der frühen mekkanischen Phase war demnach vor allem der Tatsache geschuldet, dass Muslime zu der Zeit keine Repressionen in Mekka erfahren mussten (Vgl. ebd., S.85). Des Weiteren, so argumentiert Qutb, sei es der Auftrag des Islam, die gesamte Menschheit zu befreien. Und dies ist gewaltfrei nicht möglich, so steht doch hinter all den menschenunterdrückenden Systemen eine militärische Macht (Vgl. ebd., S.81).

2 Der Dschihad bei Abdullah Azzam

2.1 die Situation der Mudschaheddin in Afghanistan zuzeiten Azzams

Zunächst soll mit der muslimischen Widerstandsbewegung der 1980er Jahre in Afghanistan die Textbasis für Azzams Werke „Schließ dich der Karawane an" (1987) und „Defence of the Muslim Lands" (1984) betrachtet werden. Als Grundlage hierfür dient Rob Johnsons Beitrag *Konterrevolution oder Volkskrieg? Der Aufstand der Mudschahedin* im Buch mit dem Titel *Sovietnam* von Tanja Penther und Esther Meier. Die Betrachtung dieser Basis ist ein wichtiges Fundament, um die Beweggründe Azzams für das Schaffen dieser Werke zu verstehen. Dazu muss zunächst die Ursache für die Notwendigkeit eines bewaffneten Widerstandes gefunden werden. So wurde der Grundstein für einen afghanischen Bürgerkrieg mit der Übernahme der Macht im April 1978 durch einen Staatsstreich durch die kommunistische Koalition der Parcham- und Khalq-Fraktion gelegt (Vgl. Johnson 2017, S.88). Systematisch begann die dominierende Khalq-Fraktion, Oppositionelle zu unterdrücken und teilweise hinzurichten (Vgl. ebd., S.89). Eine Art sozialistische Revolution, die mit Sozial- und Wirtschaftsreformen zwanghaft durchgesetzt wurde, betrachteten weite Teile der Bevölkerung als Bedrohung für Religion und ihre ländlich geprägte Lebensweise (Vgl. ebd., S.88). Der Widerstand hiergegen wurde brutal niedergeschlagen, der Bürgerkrieg hatte begonnen. Zwischen 1978 und 1979, also dem Jahr der Sowjet-Intervention, formierte sich bereits eine gewaltbereite Opposition, die laut Johnson die Grundlage für die spätere Stärke und Zähigkeit der Mudschaheddin darstellte (Vgl. ebd., S. 89). Während sich bis zum Einmarsch der Sowjet-

Truppen die Aggression des Widerstands vor allem gegen das Regime richtete, nahm der Bürgerkrieg jetzt die „Züge eines den Islam verteidigenden Befreiungskampfes gegen ausländische Ideologien an" (ebd., S.89). Es wäre nun logisch zu denken, dass der gemeinsame Feind, die Sowjetunion, alle Widerstandskämpfer im Kampf gegen diesen zu einen vermochte. Jedoch war genau das Gegenteil der Fall: die Mudschaheddin führten untereinander „Stammeskämpfe" (ebd., S.97), da man zu keinem Zeitpunkt als vereinte, den Islam verteidigende Gruppe, „sondern vielmehr ein Stückwerk aus verschiedenen rivalisierenden Gruppen" (ebd., S.100) auftrat, die sich teilweise noch gegenseitig attackierten. So fand nach Einschätzung des pakistanischen Geheimdienstes ISI die Mehrzahl der gewalttätigen Ausbrüche in den 1980er Jahren zwischen Afghanen untereinander statt (Vgl. ebd., S.101), zum Teil sogar mithilfe von Hinterhalten, bei denen regelrechte Massaker stattfanden (Vgl. ebd., S.102). Die fehlende Einigung innerhalb des Widerstands neben offensichtlicher strategischer Inkompetenz (Vgl. ebd., S.93), fehlender Disziplin und Organisation bei den einzelnen Kämpfern (Vgl. ebd., S.95) sowie einem auf Zivilisten angewiesenen Rekrutierungssystem, das die Truppenstärke der Mudschaheddin stark schwanken ließ (Vgl. ebd., S.108) machten den Dschihad in Afghanistan zu einem sehr verlustreichen Krieg für die Widerstandsbewegung. Vermutlich um die hieraus entstehende personelle Not zu kompensieren, verfasste Azzam die Werke „Defence oft he Muslim Lands" (1984) und „Schließ dich der Karawane an" („Join the Caravan" [1987]), in denen er Muslime aus aller Welt zur Teilnahme am Dschihad aufruft.

2.2 Der Dschihad zwischen Selbstverteidigung und Unterwerfung

2.2.1 Die Rechtfertigung des Dschihad

Anders als bei Qutb ist die Rechtfertigung des Dschihad bei Azzam nicht ein Produkt einer internen Kausalität. In „Schließ dich der Karawane an" begründet der Autor die Pflicht, am Dschihad teilzunehmen, in acht Schritten. Jeder Grund soll im Folgenden kurz dargestellt werden.

1. Damit die Gottlosigkeit nicht obsiegt: Hier zitiert Azzam einen Koran-Vers, der bereits eine Zielvorgabe enthält:

„Und kämpfet wider sie, bis [...] alles an Allah glaubt. [...] Hörte der Kampf auf, würde die Gottlosigkeit die Oberhand gewinnen [...]" (Azzam 1987, S.194)

Der erste Beweggrund für eine Teilnahme am Dschihad ist also, dass der Unglaube nicht die Oberhand gewinnen darf. Da nun der Glaube nur durch Kampf durchgesetzt werden kann und demnach im Umkehrschluss das Beenden des Kampfes zum Unglauben führen würde, ist das Kämpfen hier eine notwendige Pflicht.

2. Weil wahre Menschen selten sind: Hier bezieht sich Azzam auf die personelle Not der Mudschaheddin:

„Die Krise der muslimischen Welt besteht darin, daß es nicht genügend verantwortungsbewußte Menschen gibt, die in der Lage sind, die Bürde der Rechtschaffenheit zu tragen. Wie heißt es doch im Authentischen: 'Die Menschen sind wie hundert Kamele, unter denen man kein gutes Reittier findet.' Das bedeutet, daß sich das Ideal der Sittenstrenge in dieser Welt und der Sehnsucht nach dem Jenseits nur für einige Reittiere eignet. Und mit einem guten Reittier ist hier ein Kamel gemein, das auf Reisen ausdauernd und kräftig genug ist, um Lasten zu tragen, von schöner Gestalt und so weiter. Anders gesagt, unter 100 Kamelen findet man nicht eines, das brauchbar wäre, [...] Es gibt nur wenige Menschen, die wissen, und selten sind jene, die handeln. [...]" (Azzam 1987, S.195)

Nun stellt sich die Frage, ob diese Not quantitativer oder qualitativer Natur ist. Man könnte die Kamel-Analogie so deuten, dass die hundert Kamele die Gesamtheit der Mudschaheddin darstellen. Dies würde bedeuten, dass es den Kämpfern in den Reihen der Dschihadisten an Qualität fehlt und nur einige wenige die Qualität mitbringen, die es für den Widerstand braucht. Dafür würde sprechen, dass Azzam einem großen Teil der Mudschaheddin die Fähigkeit des Rezitierens (Vgl. Azzam 1987, S.195) und des Totengebets (Vgl. ebd., S.196) abspricht. Allerdings lässt gerade der Satz „Es gibt nur wenige Menschen, die wissen, und selten sind jene, die handeln" (ebd., S.195) die Deutung vermuten, dass mit den hundert Kamelen (die ja durchaus ‚handeln') die Gemeinschaft der Muslime gemeint ist. Dies scheint wahrscheinlicher, da mit der ersten Interpretation die große Mehrheit der am

Dschihad teilnehmenden Kämpfern als unqualifiziert dargestellt würde, was eine demotivierende Wirkung auf die bereits am Kampf Teilnehmenden hätte. Wenn der Mudschahed nun das eine gute Reittier unter den hundert schlechten ist, dann hat das einerseits einen motivierenden Charakter, zweitens würde damit allein die Teilnahme am Dschihad einen Muslim zu einem guten Reittier, also einem edlen Muslim machen. Dies könnte die Teilnahme von bisher Unentschlossenen sichern. Der islamistische Widerstand in Afghanistan hätte demnach sowohl ein quantitatives als auch qualitatives Problem: während es auf der einen Seite zu wenig gute Reittiere gibt, fehlt es zum anderen an solchen, die diese anführen und lehren (etwa Prediger), damit sie ihr ganzes Potential abschöpfen können.

3. Aus Furcht vor der Hölle: Der Dschihad stellt laut Azzam einen „grundlegenden Aspekt des Islam" (Azzam 1987, S.199) dar, ein „unabdingbares Wesensmerkmal" (ebd., S.199) und wie später noch beschrieben wird, eine persönliche Pflicht des Einzelnen. Die Verweigerung einer Teilnahme hat dementsprechend die Hölle zur Folge (Vgl. ebd., S.197). Dem entgehen können allemal die Schwachen, allerdings wird dieses Recht nur der Art von Schwachen eingeräumt, die physisch nicht dazu in der Lage sind, auszuwandern und teilzunehmen (Vgl. ebd., S.198). Denn Schwäche bedeutet Azzam zufolge nicht, in einem Land unterdrückt und als Muslime entwürdigt zu werden und aufgrund ihrer geschwächten Stellung in der Gesellschaft eine Teilnahme zu verweigern. Diese Form der Schwäche sieht er als „Verbrechen, für das man sich möglicherweise die Hölle einhandelt." (ebd., S.199)

4. Um den Aufruf Gottes zu folgen: Ähnlich wie beim vorangegangenen Punkt verdeutlicht Azzam hier die Pflicht eines jeden Muslim, am Dschihad teilzunehmen. Dies leitet er von folgendem Koran-Vers ab:

„Ziehet aus, leicht und schwer, und eifert mit Gut und Blut in Allahs Weg. Solches ist besser für euch, so ihr es begreifet!" (Azzam 1984, S.200)

Die Universalität dieser Botschaft ist laut Azzam in den Adjektiven „leicht" und „schwer" enthalten. Hierfür übernimmt er zehn verschiedene Deutungen vom islamischen Rechtsgelehrten al-Qurtubi, die allesamt aufgrund der jeweils gegensätzlich flächendeckenden Bedeutung der Adjektive eine Inklusion Aller beinhalten. So deckt beispielsweise die Interpretation des Wortes „schwer" als „einen Beruf ausübend" (Azzam 1987, S.200) den einen Teil, die gegensätzliche Deutung des

Wortes „leicht" als „ohne Beruf" (ebd., S.200) den restlichen Teil der Gesellschaft ab. Denn weder in die Kategorie „einen Beruf ausübend" noch in die Kategorie „ohne Beruf" zu fallen, ist nicht möglich.

5. Um dem Vorbild der Altvorderen nachzueifern: Hier beschreibt Azzam, dass die kriegerische Lust und Fähigkeit der Vorbilder rund um den Propheten Mohammed, den „Altvorderen" (Azzam 1987, S.202), allein aus Gründen der Idolisierung nachgelebt werden müsse (Vgl. ebd., S.202).

6. Um eine feste Basis auf muslimischen [sic!] Gebiet zu errichten: Ähnlich wie Qutb hält Azzam die Existenz einer „muslimischen Gesellschaft" (Azzam 1987, S.202) für notwendig, ohne weiter Gründe hierfür zu nennen. Vorrangiger sind in diesem Punkt die Schwierigkeiten, mit denen die „islamische Bewegung" (ebd., S.202) (die hier kein Synonym für den Kampf, sondern vielmehr eine vergesellschaftlichte Form des Dschihad darstellt) bisher konfrontiert war. Allerdings vermögen nur diese Schwierigkeiten, so argumentiert Azzam, das Beste im Menschen herauszubringen (Vgl. ebd., S.203).

7. Um die Unterdrückten zu verteidigen: Dieser Punkt wird im untersuchten Text nicht ausformuliert. Ob es sich hierbei um einen Fehler des Verlags handelt oder Azzam diesen Punkt schlicht vergessen hat, ist dem Verfasser dieser wissenschaftlichen Arbeit nicht bekannt. Es könnte allerdings auch sein, dass die Ausformulierung des Punktes aufgrund des bereits in der Überschrift enthaltenen ausreichenden Informationsgehalts aus Sicht des Autors überflüssig war.

8. Aus Freude am Märtyrertod und in der Erwartung, die höchsten Stufen des Paradieses zu erreichen: Der letztgenannte Grund für eine Teilnahme am Dschihad ist das Versprechen, das dem im Kampf gefallenen Dschihad-Kämpfer gemacht wird. Vermutlich wird dieser Punkt nicht ohne Grund als letzter Grund genannt. So soll in den Punkten zuvor vermutlich das Pflichtgefühl des Lesers ausgelöst werden, indem er davon überzeugt wird für eine Sache zu kämpfen, die größer ist als er selbst (eine Ausnahme stellt hier Punkt drei dar). Das letzte Argument überzeugt nun auch die, die nicht aus reiner Selbstlosigkeit am Kampf teilnehmen, da der Beitritt zum Dschihad hier mit einem zusätzlichen Eigeninteresse verbunden wird (Vgl. Azzam 1987, S.204).

Der Dschihad ist bei Azzam allerdings kein einheitliches Konzept, das immer die-selben Ziele verfolgt und gleiche Mittel hierfür bereitstellt. Dies soll im folgenden Gliederungspunkt dargestellt werden.

2.2.2 Die zwei Arten des Dschihad

Azzam typologisiert zwei verschiedene Arten des Dschihad, die sich jeweils in ihrer Bedeutung für die muslimische Gemeinschaft und in der Regelung der Teilnahme-verpflichtung voneinander unterscheiden. Dabei nehmen die Begriffe „Fard Kifaya" (Azzam 1984, S.3) und „Fard Ayn" (ebd., S.4 u.a.) eine zentrale Stellung ein.

2.2.2.1 Der offensive Dschihad

Als erste Art des Dschihad klassifiziert Azzam den offensiven Dschihad. Dieser be-steht einerseits aus der Bewachung der eigenen Grenzen, vor allem aber aus der Bekämpfung des Feindes in seinem eigenen Gebiet (Vgl. Azzam 1984, S.3). Wäh-rend die Verteidigung der Grenzen einen erhaltenden Zweck erfüllt, soll die ein- oder zweimal pro Jahr stattfindende Terrorisierung des Feindes in seinem eigenen Ter-ritorium zum einen die Zahlung der Kopfsteuer garantieren (Vgl. ebd., S.4). Zum anderen sieht Azzam den Dschihad hier als eine Art „gezwungene Einladung" oder aber auch als Unterwerfung, da diese Terrorisierung solange durchgeführt werden soll, bis nur noch Muslime oder Schutzbefohlene existieren (Vgl. ebd., S.4).

2.2.2.2 Der defensive Dschihad

Die zweite Art des Dschihad ist defensiver Natur und die Teilnahme an ihm Pflicht eines jeden Muslims. Azzam beschreibt vier Szenarien, die eine Vertreibung der Ungläubigen aus dem eigenen Land voraussetzt (Vgl. ebd., S.4) und lässt sich die Verpflichtung in den jeweiligen Szenarien von verschiedenen Rechtsgelehrten be-stätigen. Das entscheidende Szenario ist dabei, dass Ungläubige das Land der Muslime betreten bzw. angreifen (Vgl. ebd., S.4). Unter einem muslimischen Land versteht Azzam ein Gebiet, das heute oder zu irgendeinem Zeitpunkt in der Ge-schichte von Muslimen besiedelt wird oder wurde (Vgl. Azzam 1987, S.201).

2.2.2.3 zwischen Fard Ayn und Fard Kifaya

Die zwei Typen des Dschihad unterscheiden sich nicht nur dadurch, dass beim de-fensiven Dschihad die Aggression vom Feind und beim offensiven vom Islam selbst ausgeht, sondern auch in der Verpflichtung zur Teilnahme. So lässt sich „Fard

Kifaya" etwa (u.a. Azzam 1984, S.5) mit „kollektive Pflicht" übersetzen (Vgl. Azzam 1987, S.202). Diese Pflicht ist auf die Gemeinschaft bezogen. Wenn dieser Pflicht genügend Muslime innerhalb der Gemeinschaft nachkommen, so gilt sie als erfüllt (Vgl. ebd., S.206). Diese Art der Verpflichtung kommt vor allem im offensiven Dschihad zum Tragen (Vgl. Azzam 1984, S.3). Durch die Teilnahme Einiger am offensiven Dschihad durch etwa die Terrorisierung Ungläubiger in ihrem Land wird der Rest der Gemeinschaft selbst von der Teilnahme befreit.

„Fard Ayn" hingegen lässt sich übersetzen mit „persönliche Verpflichtung" (Vgl. Azzam 1987, S.201). Der defensive Dschihad ist laut Azzam eine persönliche Verpflichtung und damit von seiner Bedeutung für den Glauben gleichzusetzen mit anderen persönlichen Verpflichtungen wie dem Beten oder Fasten. Würde man dieser Pflicht nicht nachkommen, wäre das also genauso schlimm wie dem Beten oder Fasten als Pflicht nicht nachzukommen (ebd., S.201). Bei der Verteidigung eines muslimischen Landes hält es sich mit der Verpflichtung so, dass zunächst nur die Betroffenen, also die Bewohner des Landes persönlich zum Verteidigungsdschihad verpflichtet sind. Sind die Ressourcen hier erschöpft, wird der „Fard Ayn" ausgeweitet auf diejenigen, die dem Opfer am Nächsten sind. Diese wiederum haben selbst Nächste, die ihnen in der Verantwortung folgen, sollten sie im Krieg fallen. Dieser Verantwortungsmechanismus greift solange, bis der Feind entweder geschlagen ist oder die gesamte muslimische Gesellschaft von der persönlichen Verpflichtung betroffen ist (Vgl. Azzam 1984, S.4).

3 Aspektorientierter Vergleich des Dschihadbegriffs zwischen Qutb und Azzam

Nachdem die jeweilige Auffassung des Dschihad der beiden Autoren ausführlich vorgestellt wurde, sollen im Folgenden drei Aspekte dargelegt werden, bei denen aus Sicht des Verfassers dieser wissenschaftlichen Arbeit die Unterschiedlichkeit des Wesens der beiden Dschihadverständnisse am deutlichsten zum Tragen kommt.

3.1 Die Auffassung der Natur des Dschihad

Qutb akzeptiert die zweifellos defensive Vorgehensweise in der frühen mekkanischen Phase nicht als Eigenart des Dschihad, sondern als notwendige Reaktion auf die damaligen Umstände der Zeit und versucht dies mit einer teils wirren Argumentationslogik zu belegen. So nennt er beispielsweise als Grund für den ausbleibenden Kampf zu dieser Zeit die Tatsache, dass Muslime ihren Glauben frei praktizieren konnten (Vgl. Qutb 1964, S.85). Jedoch geschah dies sicherlich in einem Rahmen der Herrschaft, die Qutb an anderer Stelle als Eintrittsgrund für den Dschihad nennt. Andersherum könnte man auch argumentieren, dass den Muslimen zu Zeiten Qutbs die freie Ausübung ihrer Religion in vielen, wenn nicht den meisten Staaten erlaubt wurde. Dementsprechend müsste ein heutiges Ausbleiben der Gewalt in solchen Staaten die gleiche Konsequenz sein. Auch das Argument, dass die zu der Zeit Repressionen ausübenden Soldaten selbst irgendwann treue Soldaten des Islam werden könnten (Vgl. ebd., S.87), kann auch auf die Gegenwart Qutbs umgemünzt werden. Die Vehemenz, mit der Qutb hier (teils unsinnig) argumentiert, legt nahe, dass er eine defensive Auslegung des Kampfes als Zeichen für Schwäche sieht. Eine Schwäche, die dem Charakter des Islam widerspräche und dementsprechend auch der Natur des Dschihad widersprechen muss:

„Es liegt in der innersten Natur des Islam, die Initiative zu ergreifen, die Menschheit auf der ganzen Welt aus dem Dienst zu einem anderen außer Allah zu befreien […]" (Qutb 1964, S.96)

Qutb sieht den Dschihad also gewissermaßen als Reproduktion des Islam. Demgegenüber unterscheidet Azzam durchaus zwischen einem offensiven und defensiven Dschihad. Während Qutb den Islam als Initiator jeglicher Aggression sieht, kann bei

Azzam sowohl angegriffen als auch verteidigt werden. Das liegt vermutlich vor allem am territorialen Denken Azzams. Er verwendet zwar nie das Wort „Staat", da er das Konzept des Nationalstaats als eine einschränkende Illusion der Ungläubigen sieht (Vgl. Azzam 1984, S.21). Allerdings macht gerade die Tatsache, dass er bei der Verteidigung der muslimischen Territorien von „Grenzen" (ebd., S.3) spricht wahrscheinlich, dass zumindest physische Grenzen wie Gebirge oder Gewässer zwischen Muslimen und Nichtmuslimen bzw. zwischen Muslimen selbst existieren, die verteidigt werden müssen. Bei Qutbs Vorstellung einer muslimischen Gesellschaft, die einen universalen Befreiungsanspruch beinhaltet und damit einer grenzenlosen Weltgesellschaft gleicht, gibt es für ein solch territoriales Denken keinen Anlass.

3.2 Gegensätzlichkeit des Narrativs

Während der defensive Dschihad bei Azzam eine beschützende Rolle einnimmt, soll im offensiven Dschihad nun die ganze Welt dem Islam unterworfen werden. Dabei fragt sich der Leser womöglich, was die ganze Bewegung für einen Zweck hat. Azzam bringt nicht wirklich Argumente für die Notwendigkeit der Errichtung einer muslimischen Gesellschaft (siehe 2.2.1.6), die der Dschihad als oberstes Ziel verfolgt. Auch bei den Schritten zur Rechtfertigung hat man das Gefühl, dass viele Begründungen zum Selbstzweck verkommen: So soll den ‚Altvorderen' allein deshalb nachgeeifert werden, weil sie ehrenwerte Altvordere sind (siehe 2.2.1.5); dem Aufruf Gottes soll gefolgt werden, weil Gott aufgerufen hat (2.2.1.4); auch das erste Argument der Gottlosigkeit beantwortet nicht, warum, sondern nur dass sie nicht existieren darf (2.2.2.1). Sebastian Schnelle kommt in einem Artikel des *Journal of Church and State* über Azzam zu einem ähnlichen Schluss. So kategorisiert er die acht Rechtfertigungen Azzams für den Beitritt zum Dschihad in „pragmatic, theological and nontheological" (Schnelle 2012:54, S.630). Solch pragmatische Gründe wie etwa die Errichtung ebenjener muslimischen Gesellschaft ziehen laut Schnelle ihren Sinn nicht etwa aus einer Moralität oder sonstigen ethischen Rationalität (Vgl. ebd. S.631). Vielmehr führen sie dazu, dass die Rationalität des Dschihad in sich selbst begründet liegt:

"Through this, jihad gains a metaphysical component, in which the willingness to make sacrifices becomes a necessary component to win the fight. It therefore acts as a justification in itself." (ebd., S.632)

Des Weiteren gibt die Tatsache, dass Azzam den Dschihad (zumindest in seiner offensiven Variante) von seiner Bedeutung mit dem Fasten und Beten gleichsetzt, Aufschluss darüber, dass er ihn nicht mit einem höheren Ziel verbunden sieht, sondern als triviale Pflicht, die Muslime zu erfüllen haben. Auch in Qutbs Dschihadverständnis existiert der Gedanke der Unterwerfung. So ist die weltumfassende Herrschaft Gottes nicht nur eine logische Konsequenz seiner Prämissen, auch explizit formuliert er dies aus:

„Er [der Dschihad] ist ferner die Errichtung der Souveränität von Allah und Seine Herrschaft über die ganze Welt." (Qutb 1964, S.80)

Allerdings bildet das Ziel hier nicht wie bei Azzam das letzte Glied einer Logikkette, sondern selbst wiederum den Zweck für ein höheres Ziel. Denn Qutb sieht durchaus die Gottesherrschaft als rechtmäßiges höchstes Ziel, das Gott selbst zugutekommt. Jedoch ist diese Herrschaft wiederum sinnstiftend für etwas, das im Endeffekt wieder den Menschen betrifft: die individuelle Freiheit. Eine Befreiung aus Herrschaftssystemen, die gerade durch die Herrschaft von Menschen über Menschen auf einer fehlenden Freiheit fußen, um eine Freiheit in der Wahl des Glaubens herzustellen, der selbst wiederum den Menschen von jeder Selbstverantwortung befreit. Und obwohl die Konsequenz – also ein globaler Krieg – bei beiden Autoren dieselbe ist, hat man gerade aufgrund dieses Narrativs der Befreiung bei Qutb das Gefühl, dass er ausschließlich ‚gute' Ziele verfolgt. Ein totaler Kontrast hierzu ist Azzam, denn gerade mit einem Vokabular wie „terrorise" (Azzam 1984, S.4) oder Übersetzungen des Dschihad mit „Daw'ah with a force" (ebd., S.84) oder „bewaffneter Kampf" (Azzam 1987, S.207) wird dem Leser nicht unbedingt suggeriert, dass der Dschihad hier edle Ziele verfolgt.

3.3 Gegenwärtigkeit des Dschihad

Ein weiterer Unterschied zwischen den Auffassungen der beiden Autoren ist die unterschiedliche Gegenwärtigkeit des Dschihad. Oder vielmehr der Eindruck dessen, denn wie in der Gegensätzlichkeit des Narrativs geht es hierbei nicht nur darum, was explizit erwähnt gesagt wird, sondern darum, was für Assoziationen beim

Lesen des jeweiligen Textes entstehen. Denn beide Autoren sehen den Dschihad zwar erst dann als beendet an, wenn er allumfassend durchgesetzt wurde, wie die beiden folgenden Zitate deutlich machen:

„Jihad [...] is obligatory to perform with all available capabilities, until there remains only Muslims or people who submit to Islam." (Azzam 1984, S.4)

"Demnach ist dieser Kampf [der Dschihad] keine vorübergehende Phase, sondern ein ewiger Zustand, entsprechend der Tatsache, dass Wahrheit und Unwahrheit auf dieser Erde nicht koexistieren können. [...] Der ewige Kampf für die Freiheit des Menschen wird fortfahren, bis die Religion allein Allah gewidmet ist." (Qutb 1964, S.85)

Doch gerade die Bezeichnung des Kampfes als „ewiger Zustand" macht deutlich, dass der Dschihad für Qutb keine Art Krieg ist, der bei Bedarf geführt und wieder aufgehört werden kann. Die Ewigkeit des Kampfes resultiert aus folgenden zwei Umständen: erstens dem Streben des Dschihad nach der Beendigung der Herrschaft des Menschen über den Menschen (Vgl. Qutb 1964, S.79) und zweitens der Tatsache, dass es nach Gottes Gesetz immer eine Gruppe von Menschen gibt, die von Menschen beherrscht wird (Vgl. Qutb 1964, S.84-85). Eine ähnliche Sichtweise hierauf hat auch Zehnpfennig: so wirft sie Qutb vor, sein Ziel der Weltführerschaft gar nicht für erreichbar zu halten. Ihr zufolge liegt demnach der eigentliche Zweck des Dschihad in ihm selbst: so interpretiert sie die bedingungslose Aufopferung für die Sache als das eigentliche Ziel von Qutbs Dschihad (Vgl. Zehnpfennig 2013, S.43) Zu diesem Eindruck trägt auch die vereinheitlichte Natur des Dschihads bei Qutb als offensiv bei, beim defensiven Dschihad bei Azzam kann nach einer erfolgreichen Grenzverteidigung als zumindest temporär abgeschlossen angesehen werden. Auch die von Azzam geforderte Entsendung von Truppen ein- oder zweimal pro Jahr im Rahmen des offensiven Dschihad (Vgl. Azzam 1984, S.3-4) suggeriert eine gewisse Endlichkeit bzw. Reduzierung dessen auf das Führen von Schlachten, nicht einen ewigen Kampf.

3.4 Unterschiedliche Adressierung durch Unterschiedlichkeit der Kontexte

Wie in 2.1 beschrieben, hatten die Mudschaheddin in Afghanistan stets (zum Teil selbstverschuldete) personelle Nöte. Als Reaktion hierauf verfasste Azzam in seiner vermittelnden Position die beiden untersuchten Haupttexte *Defence of the Muslim*

Lands sowie *join the caravan*. Der Umstand, dass der Feind hier im Gegensatz zu Qutb keine Konstruktion, sondern sehr real ist, macht Azzams Theorie weitaus weniger ideologisch komplex als *join the caravan*. So beschreibt Stefan Reichmuth Azzams Werke als eine „umfassende Werbung für den Jihad" (Reichmuth 2010, S.194), Schnelle ihren Zweck sogar mit „more for propaganda than to actually argue for the legitimacy of the fight in Afghanistan" (Schnelle 2012:54, S.636). Das Ziel Azzams, möglichst schnell möglichst viele Freiwillige für den Dschihad anzuwerben, setzt ebenjene geringe logische Komplexität voraus. Schnelle bringt dies folgendermaßen zum Ausdruck: „Azzam provided pragmatic, down-to-earth reasons for those who were unsure of which fight to support and to what extent to support it" (ebd., S.633). Dementsprechend ist es auch einleuchtend, dass sich die meisten der acht Gründe, um am Dschihad teilzunehmen, unmittelbar an den Leser selbst wenden mit Ziel, sein Ehr- und Pflichtgefühl auszulösen. Wenn er nun vollends überzeugt ist, findet er im Text sogar eine Telefonnummer und Postanschrift, die ihm zur Teilnahme am Dschihad verhelfen (Vgl. Azzam 1987, S.211). Demgegenüber steht Qutb. Dieser macht aufgrund seines weitgefassten Feindbilds, das auch den heutigen Islam einschließt, keine Gruppe von Menschen zum Ziel seiner Betrachtung. Vielmehr richtet er sich hier an den Islam selbst, beziehungsweise an das, wozu der Islam heute degeneriert ist. Denn es wird nicht unterschieden in Verbündete und Gegner, in Freund und Feind oder sonstige gesellschaftliche Konstrukte. Qutb geht letztlich durch die Zweiteilung der Welt in Gut und Böse bzw. das Falsche und Richtige (Vgl. Zehnpfennig 2013, S.333) ins Metaphysische und verzichtet damit auf jede menschliche Adressierung. Vermutlich ist die Spiritualität seiner Theorie dem Umstand geschuldet, dass Qutb familiär bedingt mit der Idee des unabhängigen ägyptischen Nationalstaats aufgewachsen ist, er somit quasi einen starken Kontrast als Grundlage für seine spätere, grenzenlosen Ideologie vermittelt bekam. So war sein Vater Mitglied der nach Unabhängigkeit strebenden *National Party* (Vgl. Shepard 1996, xiv), auch Qutb selbst vertrat zunächst eine säkulare, nationalistische Position (ebd., xv), wie bereits dargestellt.

4 Zusammenfassung und Bewertung

Auch wenn Qutb als „Wegbereiter des modernen Jihadismus" (Zehnpfennig 2013, S.327) das „geistige Fundament für spätere Mudschahiddin" (Hirschmann 2011, S.500) legte und damit auch eine ideologische Vorlage für Azzam bot, sind doch vor allem aufgrund der Zweckmäßigkeit von Azzams Werken einige zentrale Unterschiede zu erkennen. So sieht dieser etwa die sowjetische Intervention als Angriff gegen den Islam und bezeichnet den Widerstand hiergegen dementsprechend als defensiven Dschihad, während Qutb dessen Existenz aufgrund eines hieraus entstehenden Widerspruchs zum Charakter des Islam verneint. In dieser Zweckmäßigkeit liegt vermutlich auch die fehlende ideologische Rechtfertigung von Azzams offensivem Dschihad begründet, während der Verteidigungsgedanke im defensiven Dschihad eine durchaus sinnstiftende Legitimität erfährt. Auch der Eindruck der Endlichkeit, der an Azzams Dschihad haftet, sowie seine Sprache, die den Leser direkt erfasst und nicht wie bei Qutb metaphysische Ziele impliziert, sind Ausdruck der unterschiedlichen Kontexte der beiden Autoren.

Es bleibt zu bewerten, dass Azzams Werke *defence of the muslim lands* und *join the caravan* trotz ihres wesentlichen Beitrags für den islamischen Widerstand gegen die sowjetische Besatzung nicht mit der erstaunlichen ideologischen Tiefe von Qutbs *milestones* konkurrieren können. Dennoch punktet Azzam mit einer recht unkomplizierten Logik, die auf viele unentschlossene Muslime in den 1980er Jahren recht überzeugend wirken musste. Alles in allem bildeten beide Autoren auf ihre Art ein solides ideologisches Fundament, das den militanten Islamismus im 20. Jahrhundert entscheidend prägte.

Literaturverzeichnis

1) Primärliteratur:

- Azzam, Abdullah (1984): Defence of the Muslim Lands. The first Obligation after Iman.
  Aus: https://archive.org/stream/Defense_of_the_Muslim_Lands/Defense_of_the_Muslim_Lands_djvu.txt (zuletzt aufgerufen am 29.04.2019)
- Azzam, Abdullah (1987): Schließ dich der Karawane an! (Auszüge)
  In: Al-Qaida. Texte des Terrors (2006). Gilles Kepel,, Jean-Pierre Milelli (hrsg.), Erstveröffentlichung 2005 (S.193-231), Verlag: Piper
- Qutb, Sayyid (1964): Zeichen auf dem Weg. Ausgabe 07/1429 (=Hijri, Gregorianisch: 2008), Erstveröffentlichung 2005, Herausgeber der ursprünglich deutschen Ausgabe: M.Rassoul

2) Sekundärliteratur

- Hirschmann, Kai (2011): Die Ideologie des Dschihad: Terroristische Gewalt und der Kriegsbegriff
  In: Handbuch Kriegstheorien (2011). Thomas Jäger, Rasmus Beckmann (hrsg.), 1. Auflage (S.498-508), VS Verlag
- Johnson, Rob (2017): Konterrevolution oder Volkskrieg? Der Aufstand der Mudschahedin
  In: Sovietnam. Die UdSSR in Afghanistan 1979-1989 (2017). Tanja Penter, Esther Meier (hrsg.), 1. Auflage (S.85-114), Verlag: Brill Deutschland GmbH
- Reichmuth, Stefan (2010): Jihad – Muslime und die Option der Gewalt in Religion und Staat (überarbeitete Version, Ursprungsfassung: 2004)
  In: Islamverherrlichung. Wenn die Kritik zum Tabu wird (2010). Thorsten Gerald Schneiders (hrsg.), 1. Auflage (S.185-197), VS Verlag
- Schnelle, Sebastian (2012): Abdullah Azzam, Ideologue of Jihad: Freedom Fighter or Terrorist?
  In: Journal of Church and State vol.54 no.4 (2012) (S.625-647), Verlag: Oxford University Press

- Shepard, William E. (1996): Sayyid Qutb and Islamic activism
  In der Reihe: Social, economic and political studies of the Middle East;
  54, Verlag: Brill
- Dr. Zehnpfennig, Barbara (2013): Das Weltbild von Sayyid Qutb – Der
  Dschihad als Verwirklichung des richtigen Lebens
  In: Extremismus in Deutschland. Schwerpunkte, Vergleiche, Perspek-
  tiven (2013). Gerhard Hirscher, Eckhard Jesse (hrsg.), 1. Auflage
  (S.327-345), Verlag: Nomos

BEI GRIN MACHT SICH IHR WISSEN BEZAHLT

- Wir veröffentlichen Ihre Hausarbeit, Bachelor- und Masterarbeit

- Ihr eigenes eBook und Buch - weltweit in allen wichtigen Shops

- Verdienen Sie an jedem Verkauf

Jetzt bei www.GRIN.com hochladen und kostenlos publizieren